하나님, 듣고 계시죠?

하나님, 듣고 계시죠?

지은이 | 구경선
초판 발행 | 2020. 9. 23
8쇄 | 2023. 4. 25
등록번호 | 제1988-000080호
등록된 곳 | 서울특별시 용산구 서빙고로65길 38
발행처 | 사단법인 두란노서원
영업부 | 2078-3352   FAX | 080-749-3705
출판부 | 2078-3331

책값은 뒤표지에 있습니다.
ISBN 978-89-531-3855-1 03230

독자의 의견을 기다립니다.
tpress@duranno.com   www.duranno.com

두란노서원은 바울 사도가 3차 전도여행 때 에베소에서 성령 받은 제자들을 따로 세워 하나님의 말씀으로
양육하던 장소입니다. 사도행전 19장 8-20절의 정신에 따라 첫째 목회자를 돕는 사역과 평신도를 훈련시
키는 사역, 둘째 세계선교(TIM)와 문서선교 [단행본·잡지] 사역, 셋째 예수문화 및 경배와 찬양 사역, 그리고 가
정·상담 사역 등을 감당하고 있습니다. 1980년 12월 22일에 창립된 두란노서원은 주님 오실 때까지 이 사
역들을 계속할 것입니다.

구작가의
솔직 담백
배우자 기도
이야기

하나님,
듣고 계시죠?

구작가 지음

두란노

Contents

1장

하나님한테
화가 났어요

2장

긴 겨울을
보내고 있을 뿐이야

3장

하나님,
뭐 하세요?

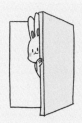

Epilogue 나는 세상에서 제일 행복한 여자가 되었어요

나는 아주 희귀한
보석인 걸지도 몰라요

외로울 때마다 상상하며 힘냈던
나만의 이야기가 있어요.

보석가게가 있어요. 주인은 가게에 대한 애착이 아주
깊어요. 보석가게에는 안이 들여다 보이는 투명한 유리
진열대가 있고, 그 진열대에 누구나 다 아는 보석들이 있
어요.

사파이어,
루비,
에메랄드,
다이아몬드….

대부분 손님들은 많이 보고
익히 들었던 보석만 데려가요.

사실 이 가게에는 유리 진열대 말고 주인만 아는 수납
장이 하나 있어요. 그 수납장에는 희귀하지만 그만큼 가
치가 있는 보석도 있어요.

라피스라줄리,

오닉스,

호안석,

아마조나이트, 산호….

이 보석들은 진정한 마니아만 알아볼 수 있는 거예요.

정말 희귀한 만큼 주인도 특별히 아끼는 보석들이에요. 그래서 주인은 보석을 유리 진열대에 내놓지 않고, 수납장에 꼭꼭 숨겨서 고이 보관해요. 그 보석을 알아볼 수 있는 진정한 마니아가 스스로 원해서 찾기 전까지 보여주지 않으려는 거예요.

어느 날, 어떤 손님이 왔어요. 그 손님은 유리 진열대를 스윽 보더니 입을 열었어요.

"이게 전부인가요?"

주인은 그 사람을 보고 미소를 지었어요.

'드디어 왔구나.'

그러고는 오랫동안 닫아 두었던 수납장을 열었어요. 손님 앞에 아껴 두었던 보석을 하나 둘, 나란히 보여줬어요. 그러자 손님은 기뻐서 어쩔 줄 모르는 눈빛으로 말했어요.

"그래요,
내가 찾던 게 여기에 있네요.
아름다워요!"

그렇게 손님과 보석이 만났어요.

이 이야기를 상상하면서 생각했어요. 가게 주인은 하나님이고, 나는 그런 희귀한 보석 중 하나예요. 그리고 내 배우자가 손님이라고요.

나는 희귀한 보석이니 남들처럼 쉽게 만나지 못할 뿐이에요. 하지만 아무도 몰라보는 **나를 알아봐 주는 남자**가 언젠가 반드시 나타날 거라고 믿었어요.

결심했어요.

나도 꼭

그 남자의 가치를 알아보겠다고요.

◇

1장

하나님한테

화가 났어요

나는 결혼을 못 할 거야

서른한 살의 어느 날, 여름이 끝나 가고 가을이 반가웠
던 9월. 병원에서 엄마의 떨리는 입술을 보았던 날. 의사
선생님은 심각한 얼굴로 이야기했어요. 망막색소변성증,
더 정확히는 어셔신드롬*.

'그래, 나는 결혼을 못 할 거야.'

장애가 두 가지나 있는 여자를 누가 좋아할까요? 나 같
아도 엄두가 안 날 거예요. 귀가 안 들리는데 눈도 안 보
이는 아내를 둔 남편의 마음은 과연 어떨까요? 출근해서
일하면서도 자꾸 신경이 쓰일 거예요. 마음이 불편할 거

---

* 망막색소변성증과 청각장애가 겹친 희귀병.

예요. 치열한 회사에서 정신없이 일하고 집에 가서 푹 쉬고 싶을 텐데, 집에서도 아내를 돌봐 줘야 한다니! 정말 깊은 사랑이 아니고서는 자신이 없을 것 같아요.

　그렇게 나는 고개를 절레절레 저으면서 아주 단단히 단정을 지어 버렸어요. '결혼'이라는 건 나에게 해당되지 않는 이야기라고….

나도 결혼할 수 있겠는데?

가을바람이 점점 서늘해지고 겨울이 되었어요. 다시 겨울 공기가 점점 따뜻해지면서 봄이 되었어요. 봄이 점점 푸르게 물들어 가는 어느 날, 친한 언니가 립스틱을 하나 선물해 주었어요.

핑크빛이 오묘하게 섞여 있는 새빨간 립스틱!

반짝반짝 빛나는 케이스가 내 마음을 설레게 했어요. 항상 색이 없는 제품만 바르고 다니다가 기대 반, 걱정 반으로 처음 립스틱을 발라 보았어요. 그동안 바르던 것들과는 다르게 립스틱은 내 얼굴을 훨씬 빛내 주었어요.

거울 속의 내가 왠지 예뻐 보였어요. 덩달아 우쭐해졌어요! 이유 없는 자신감도 솟아났어요. 자신감이 너무 지나쳤는지, 갑자기 '결혼'이 떠올랐어요.

'나도 결혼 할 수 있겠는데?'

눈이 완전히 안 보이게 되면
어떻게 예배를 드리지?

립스틱 하나에 신이 나서는 교회로 달려갔어요. 그리고 여느 때처럼 예배를 드렸어요.

나는 노래 부르는 법을 잘 몰라요. 예배당 앞 화면에 띄워진 가사를 보며 천천히 음미하고 느껴 본답니다. 그게 나만의 찬양이에요. 찬양 드리는 모습은 사실 중요하지 않잖아요? 하나님은 내 마음을 아시는 분이니까요.

그런데 그날따라 찬양 가사가 내 마음을 뜨겁게 울렸어요. 나중에는 심취하게 되었어요. 그러면서 생각했어요.

'나는 지금,
이 예배를 드리고 있는 순간이 최고로 행복해.'

오롯이 그 순간을 만끽하다가 불현듯 한 가지 의문이 강하게 스쳐 갔어요.

'어라?'

지금 많은 사람이 나를 위해 중보기도를 해 주고 있지만, 아주 만약에… 하나님의 뜻이 '내 눈이 안 보이게 되는 것'이라면 그때는 어떻게 예배를 드리지?

귀가 안 들리면 눈으로 대필해 주는 걸 읽으면서 예배를 드리면 돼요. 눈이 안 보이면 귀로 음성을 들으면서 예배를 드리면 돼요. 그런데 귀도 아예 안 들리고, 눈도 아예 안 보이게 되면 그땐 어떻게 해야 할까요?

갑자기 당연하게 드리던 예배가
너무나 소중하게 느껴졌어요.

당연한 게 아니었어요.
아주 소중하고 귀한 거였어요.

예배가 간절해졌어요.

배우자가 필요하구나

곰곰이 고민에 빠졌어요. 만약 내 눈이 완전히 보이지 않게 되면, 그땐 누구랑 예배를 어떻게 드려야 할까?

엄마?
특별한 일이 없으면
하나님은 나보다 엄마를 먼저 부르실 거예요.
동생?
미안해서 부탁할 수 없어요. 나 때문에 엄마가 동생을 많이 못 챙겨 줬거든요. 그런데도 착하게 잘 커 줬어요. 그 자체가 얼마나 고마운데요. 그런 동생에게 남은 삶을 나를 위해 희생하라고 하고 싶지 않아요. 오롯이 동생만의 삶, 행복한 삶을 살았으면 좋겠어요.

그럼, 친구들?

친구들도 분명 결혼을 할 것이고, 가정도 생길 것이고,
아이도 생길 거예요. 그러면 예배 시간도 달라질 것이고,
같이 예배를 드리기가 쉽지 않을 거예요.

그때 떠올랐어요.

'배우자'

아, 나에게 배우자가 필요하구나. 처음으로 배우자 기
도를 결심하게 됐어요.

배우자는 그래도 좀
잘생겼으면 좋겠어요

그날 내가 원하는 배우자에 대해 '가볍게' 적어 봤어요.

첫째, 나와 함께 평생 예배드릴 수 있는 남자. 아주 당연한 거죠. 그렇죠?

둘째, 패션 감각이 좋은 남자. 왜 많고 많은 것 중에 패션 감각이냐고요? 나는 예쁜 걸 참 좋아해요! 옷도 좋아하고, 액세서리도 좋아하고, 가방도 좋아해요. 그런데 만약에 눈이 안 보이게 되면 내가 내 모습을 볼 수 없겠지요? 그래서 못 꾸미게 되면, 보는 사람 마음도 아프고 나도 속상하지 않을까요?

나는 눈이 안 보이게 되어도 예쁜 선글라스를 쓰고, 예쁜 옷을 입고 싶어요. 배우자가 패션 감각이 있다면 나에게 어떤 게 잘 어울리는지 알고, 잘 꾸며 주지 않을까요?

셋째, 누가 봐도 배 아파할 남자. 이건 내 생각인데요, 다큐멘터리를 보는데 장애인 여자와 일반인 남자가 부부로 나왔어요. 대부분 사람들은 남자를 보면서 말해요.

"저 남자 너무 착하다."

삐딱해서 그런지 나는 그 말이 슬퍼요. 두 사람이 사랑해서 부부가 된 건데, 마치 남자가 봉사자라도 되는 것처럼 보이는 게 속상해요. 나 때문에 남자가 희생하는 것처럼 보이는 게 싫어요! 그래서 나는 "저 남자가 착하다"가 아니라 "저 남자가 저 여자를 아주 사랑하는구나" 하는 느낌이 드는 남자를 만나고 싶어요. 사람들이 부러워서 배 아파할 남자요!

"하나님, 잘 부탁드려요."

하지만 적어 놓고 절실하게 기도하지 않았어요.

괜찮아요, 하나님!

　푸르고 상큼했던 봄바람이 뜨거워지면서 햇볕 쨍쨍한 여름이 되었어요. 한 사람을 알게 되었어요. 그 사람은 아주 반짝반짝 빛나서 누구나 다 좋아할 것 같은 사람이었어요. 그때부터 자매들의 기도 전쟁이 시작됐어요. 하지만 그 사람에게 먼저 말을 걸 수 없었던 나는 하나님께 기도를 했어요.

　"하나님, 그 사람이 저에게 먼저 말 걸게 해 주세요.
　자연스럽게 친해지게 해 주세요."

　그러나 하나님은 그 사람과 말 한마디도 못 섞게 하셨어요. 뭐, 그럴 수도 있는 거니까….

나는 하나님께 이야기했어요.

"괜찮아요. 하나님!
더 좋은 사람을
만나게 해 주실 거라고 믿어요."

이 사람도 아니란다

여름이 끝나기도 전에 또 한 사람을 알게 됐어요. 그 사람은 아주 자신만만하고 세상 무서울 게 없어 보이는 사람이었어요. 그 모습이 신기했어요. 하지만 계속 대화를 나누면서 느끼게 됐어요.

'이 사람은 절대 하나님을 믿을 생각이 없어 보여.'

헷갈렸어요. 그래서 하나님께 기도했어요.

"하나님, 이 사람이 배우자일까요? 배우자라면, 교회에 같이 다니게 해 주세요."

그날 밤에 그 사람에게 연락이 왔어요. 그리고 그날, 그 사람은 내 곁을 떠났어요.

하나님은,

'이 사람도 아니란다'라고
응답하셨어요.

언젠가 그런 날이 오겠죠?

상상을 해 봤어요.

'나는 성 안에 갇힌 공주야.'

라푼젤처럼요. 아주 우뚝 솟아서 끝이 안 보일 만큼 높은 성 꼭대기 방에 홀로 갇혀 있는 거죠. 아무도 나를 구하러 오지 않아요. 왜냐하면 성 앞을 무시무시하고 거대한 괴물이 막고 있거든요.

길고 긴 시간이 흘러 드디어 아주 용감하고 멋진 왕자님이 왔어요! 무서운 괴물을 멋지게 물리치고, 나를 구해 주는 거예요. 나는 왕자님의 손을 잡고 성에서 탈출해 자유로워지는 거예요!

그렇게 비유를 해봤어요. 성에 갇힌 공주는 나, 괴물은
장애라는 현실, 왕자님은 배우자라고요. 상상을 하니 슬
며시 미소가 지어졌어요.

"하나님,
그런 날이
꼭 올 거라고
믿어요!"

배우자 기도를 해!

무더운 여름이 떠나지 않으려고 발버둥을 칠 때쯤, 시원한 작업실에서 컴퓨터를 두들기다가 갑자기 강한 느낌이 왔어요.

'배우자 기도!'

뭐지? 온몸에 짜릿하게 전기가 흐르는 것 같았어요. 나는 하나님께 물어봤어요.

"하나님, 이제부터 배우자 기도를 제대로 해 보라는 것이죠?"

영문을 모르겠지만, 괜히 받은 느낌이 아니겠거니 생
각하고 제대로 기도를 해 보자고 마음을 굳게 먹었어요.

그때가 2015년 9월이 시작되는 즈음이었어요.

하나님, 저는 다 계획이 있어요

9월 1일. 제대로 배우자 기도를 시작하게 된 날이에요. 처음에는 어떻게 해야 할지 감이 오지 않았어요.

'뭐라고 기도하지?'

사실 내가 하는 기도는 아주 엉터리일 수 있어요. 남들이 어떻게 기도하는지 잘 모르거든요. 들어 본 적이 없으니까요. 누군가가 내 손을 꼭 잡고 기도해 준 적이 있지만, 그 소리는 들어 본 적이 없어요.
'그냥 나답게 해 보자! 뭐 어때.'

그렇게 기도를 시작했어요.

"하나님,
9월 13일까지
배우자를 보내 주세요."

왜 9월 13일까지냐고요?

하나님께 내 계획을 아주 자세히 설명했어요.

"하나님, 왜냐하면요, 제가 25일에 대만으로 여행을 가게 됐어요. 친구가 놀러오라고 비행기 표를 보내 줬거든요. 그런데 돌아오는 날엔 밤 12시가 되어서야 공항에 도착해요. 너무 늦어서 공항버스도 없어요. 그럼 지하철을 타고 가야 하잖아요? 무거운 캐리어를 끌고 지하철 타기는 싫어요. 너무 피곤해요. 물론 택시를 타면 되겠지만 너무 비싸요."

그럴듯한 이유라고 생각했어요. 아주 완벽하잖아요?

만약 하나님이 배우자를 13일까지 보내 주시면 24일까지 매일 만날 거예요. 세 번 만나고 결혼하는 사람도 있다는데 열흘도 넘게 만났으니 괜찮잖아요?

"하나님, 제가 대만으로 출발하면 나흘이나 못 보잖아요? 그동안 그 남자가 제 빈자리를 느끼는 거예요! 그러면서 생각하겠죠? 결심도 하겠죠? 나와 결혼하겠다고!

그렇게 여행에서 돌아오는 30일, 그 남자가 나를 데리러 공항으로 와 주는 거예요. 물론 차를 끌고 와야죠. 그러고선 공항에서 프러포즈를 하는 거예요!

어때요, 하나님?
괜찮죠?

그렇게 해 주세요. 아멘."

내일 배우자를 만나는 건가요?

하나님께 내 완벽한 계획을 말씀드리던 중에 핸드폰 알림이 울렸어요.

"구작가님, 다큐멘터리 촬영을 하고 싶습니다."

당시 나는 책 작업을 한창 하고 있었어요. 작업만으로도 부담스러운데 촬영이라니! 당치도 않았죠. 고민할 것도 없었어요. 바로 단호하게 거절을 했어요.

다음날, 핸드폰이 울렸어요. 또 촬영에 대한 내용이었어요. 메시지 내용은 변함이 없었고, 나 역시 변함없이 거절을 했어요. 같은 내용의 메시지가 다음날도, 그 다음날도 계속 왔어요. 나는 다음날도, 그 다음날도 계속 거절을 했어요.

그런데 4일째 되던 날, 메시지 내용이 조금 달라졌어요.

"구작가님, 일단 만납시다. 만나서 이야기를 들어 보고 거절은 그때 해도 좋습니다. 일단 만나요."

나는 만나서 확실하게 거절을 해야겠다고 생각했어요. 그렇게 마음을 굳게 먹고 바로 다음날 만나기로 약속을 잡았어요. 그런데 핸드폰을 내려놓자마자 번개처럼 생각이 스쳐갔어요.

'호... 혹시!'

내일은 5일이에요. 아직 13일 전이잖아요? 하나님이 내 기도를 들어주신 걸지도 몰라요. 갑자기 가슴이 뛰었어요. 설렜어요. 양쪽 볼이 약간 붉어졌어요.

'그래, 이대로 있을 게 아니지!
얼른 광을 내야지!'

특별히 아끼는, 무려 만오천 원이나 하는 팩을 꺼냈어요. 목욕을 야무지게 마치고 잠자리에 들기 전에 그 비싼 팩을 얼굴에 얹어 주었어요.

'하나님, 혹시나 해서요.
내일 배우자를 만나는 건가요?

그랬으면 좋겠어요.
멋진 사람이면 좋겠네요.

하나님, 꼭 내 기도를 들어주세요.'

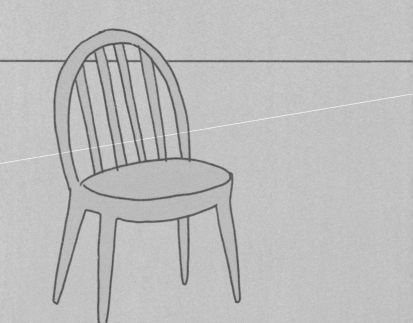

아니야!

　다음날, 약속 시간이 되기도 전에 먼저 도착해 버렸어요. 우리 동네에서 만나기로 했어요. 동네 나가는데 너무 꾸미고 나가도 이상하니까 '꾸몄지만 안 꾸민 듯 자연스럽게' 하고 약속 장소로 나갔어요.

　카페에 홀로 앉아서 기다리는데,
　가슴이 콩닥콩닥
　조그맣게 뛰었어요.

　소개팅이라도 하러 나온 것처럼 말이에요. 사실은 방송 이야기 하려고 만나는 건데요.

잠시 후에 PD님이 도착했어요. 고개를 숙여 핸드폰을 보고 있는데, 시선 너머 바닥으로 남자 신발이 보였어요. 아, 도착했구나. 하지만 바로 쳐다보기가 망설여졌어요. 아주 천천히, 느리게 고개를 들었어요.

PD님을 본 순간, 조금의 망설임도 없이, 아주 단호하게 속으로 외쳤어요.

'아니야!'

하나님이 괜히 시킨 게
아니구나

PD님은 웃으면서 내 앞에 앉았어요. 그리고 간단하게 인사를 주고받았어요. 나는 떨리는 마음을 부여잡고 조심스레 물어봤어요. 혹시 몰라요. 하나님이 내 취향과 상관없이 보내 주신 배우자일 수도 있잖아요.

"혹시, 겨… 결혼 하셨나요?"

PD님은 웃으면서 끄덕이며 대답했어요.
"네, 결혼했습니다."
대답을 들은 순간 속으로 크게 안도하며 가슴을 쓸어내렸어요. 이제야 마음에 평화가 스며들기 시작했어요. 그런데 PD님이 진지하게 묻더라고요.

"작가님, 혹시 교회 다니시나요?"
"네, 다녀요."

"그러면 배우자 기도를 하세요."

'아, 역시 하나님이 괜히 배우자 기도를 하라고 시키신 게 아니었구나.'
나는 더욱 확신이 들었어요!

하나님, 기간 연장해 드릴게요

대망의 9월 13일이 되었어요!

하지만 아무 소식이 없었어요. 아무 일도 일어나지 않았어요. '크흠' 호흡을 가다듬고 눈을 감았어요. 하나님께 말을 걸었어요.

"하나님? 오늘 9월 13일이에요. 그래도 괜찮아요. 25일까지는 아직 시간이 있잖아요? 일주일만 더 시간을 드릴게요. 그 정도면 충분할 것 같아요."

나는 그렇게 겁도 없이 하나님께 기간 연장을 해 드렸어요.

쳇!

연락이 왔어요. 대만 친구로부터요.

"미안해. 나 상황이 꼬여서 안 되겠어."

친구는 이번 일정을 취소하고, 12월로 약속을 미루자고
했어요. 별 수 없었어요. 알겠다고 친구와 이야기를 끝내
고 나니까 하나님께 부아가 나서 토라지고 말았어요.

그래서 2주일이나 교회에 가지 않았어요.

저녁 금식기도를 하자!
100일로 하자!

2주일 만에 교회를 갔어요. 화가 풀린 건 아니었어요. 그냥 가야 하니까 갔어요.

틀틀거리면서 교회에 도착했어요. 찬양 시간이 끝나고 목사님 말씀이 시작됐어요. 목사님은 단에 오르자마자 바로 이야기하셨어요.

"간절하면, 금식기도를 하세요."

내 머릿속의 물음표가 느낌표로 바뀌었어요! 예배가 끝나자마자 바로 엄마한테 작업실로 와 달라고 연락을 했어요. 엄마는 금식기도 전문가에요. 오래 전부터 금식기도를 많이 했고, 지금도 꼬박꼬박 하시거든요. 그래서 엄마에게 물어봤어요.

"엄마, 금식기도는 어떻게 하는 거야?
얼마큼 해야 해?"

고백할 게 있습니다. 지금까지 교회를 다니면서 한 금식기도라곤 릴레이 금식기도뿐이었어요. 그것도 얍삽하게 '아침'만 골랐어요. 아침 금식기도는 오후 12시까지만 하면 되니까 늦게 일어나면 되잖아요.

나는 프리랜서니까 굳이 출근 시간이 정해져 있지 않아요. 그러니까 아침 금식이 있는 날은 11시에 일어나면 돼요.

조금만 멍 때리고 있으면 금방 12시가 돼요. 그렇게 나는 제대로 된 금식기도를 해본 적이 없었어요.

　처음에 내가 금식기도를 하겠다고 하자 엄마가 말했어요.

"하루만 해 보는 건 어때?"
"하루? 간절함을 보여 주기에 하루는
뭔가 약하지 않아?"

"그렇다고 3일 금식기도 할 수 있겠어?"
"아니. 그건 자신 없어, 엄마."

엄마는 잠시 고민에 빠졌어요. 그러고는 무릎을 탁 내리치며 아주 확신이 가득 찬 표정으로 말했어요.

"그래, 저녁 금식기도를
100일 하자."

"100일 저녁 금식기도?"

"응, 이게 쉬운 일이 아니야. 100일이 얼마나 어려운데. 그만큼 간절함을 제대로 보여 줄 수 있겠다. 해 봐. 엄마도 같이 할게."

"그래! 살도 빼고 일석이조네! 좋아!"

그렇게 바로 다음 날부터

금식기도를 시작하게 되었어요.

역시 하나님은 더 좋은 걸
아시는 분이었어요

100일 저녁 금식기도를 작정하면서 날짜를 세어 봤어요. 언제 끝나는지는 알아야 하니까요. 그래서 설레는 마음으로 달력 날짜를 하나, 둘 짚었어요. 그런데….

12월 30일! 그날이 금식기도의 마지막 날인 거예요. 나도 모르게 탄성이 터져 나왔어요.

"우와! 하나님 정말 대박이다! 어쩜!"

눈앞에 상상의 나래가 펼쳐졌어요. 12월 30일까지 즐거운 마음으로 저녁 금식기도를 하는 거예요. 그리고 12월 31일, 남자친구와 함께 행복한 저녁식사를 하는 거예요. 식사를 마치고 데이트를 조금 하다가 함께 송구영신예배를 드리러 가요.

예배를 드릴 때 새해 맞이 카운트를 하잖아요. 5, 4, 3, 2, 1! 새해가 되었어요. 사람들이 모두 일어서서 환호하며 박수를 치겠죠. 우리는 서로 웃는 얼굴로 "새해 복 많이 받으세요" 하고 인사를 나눌 거예요. 그런 분위기 속에서 남자친구는 나를 말없이 바라봐요. 그리고 말해요.

"우리 결혼하자."

내가 처음에 생각했던 '공항 고백'보다 이게 더 로맨틱하지 않나요! 역시 하나님은 내 생각보다 더 좋은 걸 아시는 분이었어요. 저녁 금식기도를 하는데 자꾸 히죽히죽 웃음이 나왔어요.

하나님은 나보다 나를
더 잘 아시는데

언젠가 원하는 배우자상을 꼼꼼히 적어 봤어요.

"키는 183센티미터 이상이면 좋겠어요. 혈액형은 AB형, 잘 웃는 사람이면 좋겠어요. 옷도 잘 입으면 좋겠고, 이왕이면 똑똑한 남자…."

오래 전에 써서 기억은 잘 나지 않지만, 확실한 건 무려 A4용지로 네 장이나 썼어요! 그만큼 매우 세세하게 적었어요. 심지어 미래의 시댁에 대해서도요!

왜 그랬냐고요? 아는 동생이 결혼을 했는데 그러더라고요. 배우자상을 정하고 기도했더니 하나님이 정말 기도한 대로 다 들어주셨대요. 하나부터 열까지 완벽하게요.

그런데 그 배우자상에 '키'를 빼먹었대요. 그래서 키 작은 남자를 만난 게 조금 아쉬웠대요.

나는 혹시 몰라서 더 세세하게 적었어요. 아쉬울 것 없이 다요. 처음 이틀간은 그대로 읽으면서 기도를 했어요. 하지만 사흘째 되니 문득 이런 생각이 들었어요.

'이거… 부질없는 거 아닌가? 하나님은 나보다 나를 더 잘 아시는데?'

적어 놓은 배우자상을 다시 한번 읽어 봤어요. 그리고 눈을 감았어요. 가만히 있었어요. 나도 모르게 이런 기도가 나왔어요.

"하나님, 미래의 시부모님이 나를 장애인이라는 이유로 못마땅해하고 반대하는 분들이 아니라 오히려 아들보다 나를 더 예뻐하고 자랑스러워하는 분들이었으면 좋겠어요."

하나님은 나와 가장 잘 맞는 배우자가 어떤 사람인지 누구보다 잘 아실 거예요. 그런 사람을 내게 보내 주실 거라는 믿음이 생겼어요. 그래서 A4용지 네 장을 그대로 휴지통에 넣었어요.

내 시나리오는
전혀 이루어지지 않았어요

가을이 빨갛게 노랗게 물들어 가고 잎사귀는 하나 둘 바닥으로 떨어지면서 나무들이 옷을 벗기 시작했어요. 하얀 눈도 내렸어요.

어떤 사람을 알게 됐어요. 그 사람은 유머감각이 뛰어나고 똑똑한 사람이었어요.

"하나님, 혹시 이 사람인가요?"

하지만 하나님은 안 된다고 하셨어요.

결국 즐겁게 상상했던 내 시나리오는 이루어지지 않았어요. 송구영신예배의 아름다운 고백 장면은 어디에도 없었어요.

엉엉

새해가 되었어요.

엄마로부터 떡국을 먹으러 오라는 연락을 받고 갔어요.
모락모락 김이 피어오르는 떡국을 보다가 갑자기 울컥했
어요.

그만 엉엉
울고 말았어요.

하나님은 내가
믿고 기다리기를 바라셨대요

풀이 다 죽은 채 교회에 갔어요. 설교가 시작되기 전에
눈을 감고 나지막하게 말했어요.

"하나님,
제게 하고 싶으신 말씀이 있다면
보여 주세요."

항상 다정하신 하나님이었으니 달콤한 이야기를 들려
주실 줄 알았어요. 그런데 아니었어요. 그날 들려주신 이
야기는 생각보다 달콤하지 않았어요.

하나님은 모세를 통해 이집트에서 노예생활을 하고 있던
이스라엘 사람들을 멋있게 구해 주셨어요.

그리고 그들을
젖과 꿀이 흐르는 아름다운 땅,
가나안으로 데려가려고 하셨죠.

하지만 그땅으로 가는 길은
결코 순탄치 않았어요.

지쳐버린 사람들은 불만에 가득차 모세를 다그치기 시작했죠.

답답한 모세는 하나님께 엎드렸어요.
그러자 하나님이 모세에게 말씀하셨어요.

모세야, 너는 지팡이를 잡아라.
그들이 보는 앞에 바위에게
명령해라. 그러면 물이 나올 거다.

그 후에 이스라엘 백성들은 가나안땅에 들어갔지만
모세는 들어가지 못했대요.

반면 여호수아라는 사람은 묵묵히 자기할일을 하면서
불평없이 기다렸어요.
그뿐만 아니라 리더가 될 자질을 갈고닦으며 다듬었어요.

그래서 모세의 후계자로 여호수아가 뽑혔어요.

'아, 나는 모세와 다를 게 없구나.'

힘들다고 하나님께 감정적으로 화를 내고 떼를 썼던 내 모습이 모세와 다를 게 없었어요. 내게는 결혼이 가나안 땅이었어요. 하나님은 여호수아가 리더로서의 자질을 준비했던 것처럼 내가 한 남편의 아내이자 가정을 지키는 어머니로 준비하기를 바라셨던 거예요. 여호수아처럼 하나님과의 약속을 믿고, 담대하게 기다려 주길 바라셨던 거예요!

'하나님, 이번에는 제 생각이 맞았나요?'

소개팅을 할… 뻔 했어요

상큼한 계절이 찾아왔어요.
생각지도 못한 연락이 왔어요.

친구가 소개팅을 해 준대요!

그 사람은 외국에서 오래 살았고, 책을 많이 읽는 사람
이래요. 만나기도 전부터 연락을 주고받았어요. 매너가
몸에 배어 있는, 아주 신사적인 사람이었어요.

그런데 하나님은 그 사람을 아예 만나지도 못하게 하셨
어요. 그 사람이 갑작스럽게 해외 출장을 몇 개월이나 가
게 된 거예요.

어쩔 수 없이
그 사람과의 인연은

여기까지만 하기로 했어요.

하나님, 너무하세요

한 달이 지나고,

두 달이 지나고,

또 겨울이 찾아왔어요.

'나는 또 이렇게 한 살 먹는 건가.'

우울의 늪에

살며시 발을 담그게 되었어요.

'아니야, 하나님 마음대로 하세요.'

그리고 다시 내려놓았어요.

그랬더니 또 상상도 못 했던 사람이 찾아왔어요.

눈이 내리고 세상은 온통 하얀 슈가파우더를 예쁘게 뿌려 놓은 것 같았어요. 그런 날 그 사람을 만났어요.

그 사람은 내가 그렸던 배우자상과 매우 일치했어요. 그래서 내 마음대로 확신을 했어요.

'이 사람이야말로 내 배우자야!'

하지만 한 달 만에 이별 통보를 받았어요. 이유도 분명하지 않았어요. 수긍하기 힘들었어요. 하나님이 원망스러웠어요.

"하나님, 너무하세요. 세상에서 제일 잔인한 게 줬다 뺏는 거예요. 저한테 왜 이러세요? 이 사람이 배우자가 아니라면 왜 만나게 하신 거죠?"

며칠이 지나도 슬픔이 진정되지 않았어요. 교회도 가지 않았어요. 고통스러운 슬픔에 신음을 뱉으며 하나님께 말했어요.

"하나님,
제게 뭐라고 말 좀 해 주세요."

2장

긴 겨울을

보내고 있을 뿐이야

그래, 방콕에 가자

작지만 큰 결심을 했어요.
'하나님과 둘만의 여행을 해 보자.'

어디로 갈지 고민을 하면서 떠오르는 나라 몇 곳을 적어 봤어요. 친구들에게 얘기했더니 몇몇 친구가 "넌 왠지 방콕이 어울려. 방콕 어때?" 하는 거예요. 그래서 결정했어요.

'그래, 방콕으로 가자!'

3개월 정도, 아무 일도 하지 않고 하나님께만 집중하면서 제대로 대화를 나눠 보기로 했어요.

하나님,
잘 부탁해요.

엄마는 여전히
그 자리에 있었어요

공항으로 떠나기 위해 낑낑대며 무거운 캐리어를 끌고
버스정류장까지 도착했어요. 엄마도 같이 왔어요. 엄마는
내 두 손을 꼭 맞잡고 기도를 해 줬어요.

엄마 목소리가 들리지는 않았지만, 무슨 기도를 하는지는 알 것 같았어요. 엄마는 분명 하나님께 나를 지켜달라고 기도했을 거예요. 그리고 내 마음이 홀가분해져서 돌아오길 바랐을 거예요. 그저 엄마의 간절한 입술을 조용히 읽었어요.

버스가 왔어요.

탑승을 하고 창밖을 보니 엄마는 여전히 그 자리에 있었어요. 버스가 출발해도 엄마는 그 자리에서 떠나지 않았어요.

내가 보이지 않을 때까지
엄마는 조금도 움직이지 않고
나를 보고 있었어요.

악몽을 꿨어요

나를 걱정한 친구의 부탁으로 CGNTV 방콕지점 피디님과 사모님이 공항으로 마중 나와 주었어요.

두분과 어색한 인사를 나누고 호텔로 왔어요.

나는 완전히 혼자가 됐어요.

무거운 몸을 이끌고 침대에 누웠어요. 조용하고 고요한 분위기 속에 그대로 깊은 잠에 빠졌어요.

그날, 악몽을 꿨어요.

수많은 거미가 매섭게 달려와서 내 얼굴과 온몸을 가득
덮쳐 버리는 끔찍한 꿈이었어요.

그 후로도 매일 악몽을 꿨어요.

그래서 하나님께 기도했어요.

"하나님, 사랑하는 사람에게 잠을 주신다고 하셨잖아요.
저 매일 악몽을 꾸고 편히 못 자요. 잠을 잘 잘 수 있게 해
주세요."

그랬더니 그 후로는 거짓말처럼 악몽을 꾸지 않았어요.

나는 무엇을 원하는 걸까요?

매일 울었어요.

카페에서도 울고, 밤마다 혼자 울었어요.

마음이 계속 공허했어요. 그래서 쇼핑도 마구 했어요.

그런데도 채워지지 않았어요.

마음이 텅텅 빈 것 같았어요.

"여기서 뭘 해야 하지?"

결국 우리 교회 전도사님한테 도움을 요청했어요.

"전도사님, 저는 여기서 뭘 해야 할지 모르겠어요. 어떻게 해야 하는 걸까요?"

그랬더니 전도사님이 말씀해 주셨어요.

"요한복음 5장 1절부터 9절까지 깊이 묵상해 보세요."

성경책을 펼쳤어요.

그리고 요한복음 5장을 찾았어요.

'베데스다'라는 아주 특별한 연못 이야기예요.

그 연못에는
가끔 천사가 내려와서

물을 휘젓고 가요.

그 손길에 물이 일렁일 때 가장 먼저 들어가는 사람은
무슨 병에든 무조건 낫는대요.

그래서 그 연못 근처에는
온갖 병으로 고통받고 있는 사람이 가득했어요.

그 중에 38년된 병자가 있었어요.

예수님이 그 병자를 찾아오셨어요.
그리고 물어보셨어요.

낫고
싶으냐?

주님, 물이 움직일 때에
나를 들어서 연못에 넣어 주는
사람이 없습니다.
내가 가는 동안에 남들이 나보다
먼저 연못에 들어갑니다.

일어나서
네 자리를 걷어가지고
걸어가라.

그 사람은 바로 나아서 자리를 걷고 척척 걸어갔대요!

만약 내가 38년 된 병자라면, 예수님이 다가와 "무엇을 원하느냐?"라고 하시면 뭐라고 대답할 수 있을까요? 나는 무엇을 원하는 걸까요?

대답을 할 수가 없었어요.

나는 매우 지쳤어

결국 아무 대답을 하지 못하고 며칠이 흘렀어요.

관광도 할 겸 방콕에서 유명한 짜뚜짝 시장에 갔어요. 시장에는 사람이 정말 많았어요. 시끌벅적한 곳을 돌아보고 나니 조금 힘들었어요.

지친 몸을 이끌고 돌아가려고 하는데, 문득 어떤 여자아이가 눈에 들어왔어요. 그 아이는 처음 보는 악기를 연주하고 있었고 앞에는 빈 깡통이 놓여 있었어요. 나도 모르게 발걸음이 멈췄어요. 멀리서 그 아이를 물끄러미 바라봤어요.

그런데 아무도 그 아이를 안 봐요. 아무도 아이에게 관심이 없어 보였어요. 심지어 어떤 사람이 신나게 걷다가 실수로 아이 앞에 놓여 있던 깡통을 발로 차고 말았어요.

그 사람은 미안한 듯 웃으며 몇 마디를 하고는 깡통을 다시 세워 놓고 아무렇지 않게 떠나 버렸어요. 여행과 쇼핑에 한껏 들뜨고 신난 얼굴을 하고요.

아이는 축 처져 있었어요. 얼굴에는 웃음기가 전혀 없었어요. 악기 연주를 하는 둥 마는 둥 했어요. 그 모습을 보는데 그 말이 떠올랐어요.

"나는 매우 지쳤어."

나는 계속 멀리서 아이를 지켜보다가 주머니에 넣어 둔
돈을 모두 꺼냈어요. 그리고 아이에게 다가가서 깡통에
다 넣었어요.
　아이는 화들짝 놀랐어요. 아주 얼떨떨한 표정이었어요.
너무 놀라서 아무 말도 안 나오는 것 같았어요.

　나는 그냥 미소를 지어 주고
호텔로 왔어요.

그냥 그 자리에 계속 있어 주는 것

호텔로 돌아와서도 계속 그 여자아이가 생각났어요.
궁금했어요.
왜 그렇게 그 아이가 내 눈에 들어왔을까요?

생각해 봤어요. 생각하고 또 생각했어요. 어느 순간 알
것 같았어요. 그 아이 모습과 내 모습이 다를 게 없었던
거예요! 지쳐서 의욕이 없는 모습. 그게 다르지 않았어요.
그 아이는 길에 앉아 악기를 연주하면서 무슨 생각을
했을까요?

'재미없어. 돈도 안 들어오잖아. 아무도 안 봐 주잖아.
이렇게 연주해서 뭐해?'

아이는 얼마든지 그 자리를 떠날 수 있었어요. 하지만 떠나지 않았어요. 덕분에 나를 만날 수 있었잖아요?

갑자기 그런 생각이 들었어요. 하나님이 내게 말씀하시려는 것도 이런 게 아닐까?

그 자리에
그냥
있어 주는 것.

특별히 뭘 하지 않아도 그냥 있어 주는 것 말이에요.

그러면 하나님도 내가 생각지 못한 일을 보여 주실 거라고, 그 이야기를 해 주고 싶으셨던 것 같았어요.

베데스다 연못의 38년 된 병자가 생각났어요. 그러고 보니 아까 길에서 본 아이와 공통점이 있었어요.

그 자리를 '떠나지 않았다'는 점이에요.

하나님은 나에게 이 말을 해 주고 싶으셨나 봐요.
그래서 그 아이를 보게 하셨나 봐요.

하나님과 나만
서로를 알아볼 수 있는 곳

하나님께 잘 보이고 싶어서 교회에 갔어요. 태국인 교회였어요. 모든 예배를 태국어로 진행해서 내용을 전혀 알 수가 없었어요.

그런데 십자가가 눈에 들어왔어요. 그곳에는 나를 아는 사람이 없잖아요.

오롯이 하나님과 나
둘만의 시간.

주변이 굉장히 조용하게 느껴졌어요. 눈부신 햇살이 나를 감싸 줬어요. 평안이 밀려오면서 가슴이 뜨거워졌어요.

눈물이 나기 시작했어요. 교회에 가길 정말 잘했어요.

영화를 보다가
펑펑 울고 말았어요

방콕을 벗어나서 치앙마이로 왔어요. 방콕과 달리 치앙마이는 아주 조용했어요.

가만히 누워서 영화 한 편을 봤어요. 〈앙리앙리〉라는 영화였어요.

앙리는 고아원에서 자랐어요. 아이들이 하나 둘 입양되어 나가는 동안 앙리는 혼자서 어른이 되었어요.

어른이 되어 고아원을 나온 앙리는 조명가게에 취직해 사람들에게 빛을 가져다주는 일을 해요.

영화를 보고 나는 펑펑 울고 말았어요.

내 모습이 마치 사람들 속에서 외로운 앙리와 같다는 생각에 한참을 울었어요. 눈물이 멈추지 않았어요. 그리고 하나님께 기도했어요.

　"하나님, 동물도 제 짝이 있는데
　저만 혼자인 것 같아요. 속상해요.
　진짜 모르겠어요.

　스스로도 이렇게 답답한데,
　하나님은 오죽하시겠어요?"

당신은 정말 예뻐요

치앙마이에 있는 동안 화장품이 다 떨어져서 사러 갔어요. 적당히 고르고 계산대에 갔더니 여자 두 분이 나를 보고 웃으면서 뭔가 속삭이는 거예요.

'음?'

어리둥절한 내 눈빛을 보고 한 여자가 수줍게 말을 걸어 왔어요. 나는 청각장애인이라서 못 듣는다고 손짓을 했어요.

그랬더니 여자가 '아!' 하고 고개를 끄덕이고선 손짓으로 뭔가를 말해 줬어요. 내가 못 알아듣자 핸드폰 번역기에 적어 줬어요.

'당신은 정말 예뻐요.'

내 앞 빈 의자,
그곳에

조용한 카페에서 혼자 있기 좋은 자리에 앉았어요.

내 앞에 덩그러니 놓여 있는 빈 의자. 그곳에 하나님이

앉아 계실 것 같은 느낌이 들었어요. 그래서 물어봤어요.

"하나님, 계세요?"

여행을 때려치웠어요

치앙마이에서 하루가 가고 또 하루가 가도 성경책은 눈에 들어오지 않았어요. 하나님께 드리는 기도 편지도 며칠째 쓰지 않았어요. 그러면서 우울의 늪에 점점 빠져들어 갔어요.

처음에는 '죽고 싶어' 하던 생각이 나중에는 '이렇게 하면 죽을 수 있겠다'로 바뀌었어요. 이런 생각까지 하게 된 나를 보고 놀랐어요.

울면서 바로 전도사님한테 메시지를 보냈어요.

"저, 이 여행을 중단하고 한국에 돌아가도 되나요?"

그러자 전도사님이 이유를 묻지도 않고 답장을 보내 주었어요.

"금식을 하다가 중단을 하든, 예배를 안 나가든 하나님은 크십니다. 자유롭게 결정하세요. 예수님은 베드로에게 자신을 부인하는 것도 허락하셨어요. 함부로 인내를 강요하지 않겠습니다."

나는 다시 한번 물어봤어요.

"하나님과 여행을 하려고 왔는데 제대로 못한 것 같아요. 괜찮을까요?"

잠시 후에 전도사님에게 답장이 왔어요.

"하나님을 만난다는 것이, 신앙생활을 한다는 것이 정말 자유의지를 드려서 열심히 하면 될까요? 오히려 한없이 연약한 사람이라는 것을 깨닫는 것이 훨씬 나아요."

마침내 결심했어요. 하나님과의 여행을 때려치우자고.

그러고서 엄마에게 연락을 했어요.

엄마도 역시 이유를 묻지 않고 들어오라고 했어요. 최대한 빨리 들어오라고!

바로 항공권을 변경했어요. 가장 빠른 날짜는 이틀 후였어요.

내 마음은
차갑고 어두운 겨울이었어요

한국에 도착했어요.

찬란하게 빛나는 봄이 나를 환영해 주었어요.

하지만

내 마음은

차갑고 어두운

겨울에 멈춰 있었어요.

눈부시고 따스한 햇살 아래, 엄마가 웃으며 두 팔을 벌렸어요.

미약하게 미소를 짓고 엄마에게 안겼어요.

그러고선
아무한테도 연락하지 않고

집에서 조용히 지냈어요.

네 잘못이 아니다

멍하니 지내다 아무 생각 없이 영화 한 편을 봤어요.
〈에브리바디 파인〉이라는 영화였어요.

프랭크에게는 네 명의 자녀가 있어요. 지금은 어른이
되어 뿔뿔이 흩어져 살고 있었는데, 프랭크는 이 자녀들
이 보고 싶어서 직접 찾아가요. 그중에 가장 아픈 손가락
이 있었는데, 데이비드였어요.

프랭크가 데이비드를 찾아갔을 때 그는 마약 중독에 빠
져 이미 죽고 없었어요. 아들을 그리워하는 프랭크의 꿈
속에 나타난 데이비드가 말해요.

"이렇게까지 돼서 죄송해요."

그러자 프랭크는 미소를 띠며 대답해요.

"네 잘못이 아니다."

프랭크의 그 말. 마치 하나님이 나에게 어떻게라도 말씀해 주시려는 것 같았어요.

그것도 기도예요

　며칠 후, 책을 내기로 약속했던 출판사에서 메시지가
왔어요.

　"작가님, 여행 잘 다녀오셨나요?"

　나는 솔직하게 이야기했어요. 하나님과 여행을 하겠노
라고, 조용히 지내면서 하나님의 뜻을 듣고 돌아올 거라
고 아주 야심차게 떠났던 여행이 보기 좋게 실패했다는
것을요.

　그리고 돌아와서 아무 것도 하지 않고, 성경도 읽지 않
고, 기도도 하지 않고 멍하게 지낸다고 고백을 했어요.

　조금 있다가 답장이 왔어요.

　"그것도 기도예요."

3장

하나님,

뭐 하세요?

하나님이 나를 업고
지금까지 오셨어요

주일 예배 중에 본문 말씀인 시편 108편 1-5절을 따라서 읽고 있었어요. 그런데 갑자기 멜로디 전도사님의 말이 떠올랐어요. 그 분은 출판사 부장님이 소개해 준 전도사님인데, 처음 만난 날 나에게 '하나님이 왜 구작가님을 사랑하시는지 알겠어요'라고 말해 준 적이 있어요.

그때는 그 말이 크게 와닿지 않았는데 오늘은 설교 말씀 한 마디 한 마디가 멜로디 전도사님이 해준 말들과 모두 연결이 되었어요.

마치 하나님이 내게 뭔가를 말씀하시려는 것처럼 느껴졌어요.

기도를 하는데 눈앞에 아홉 살의 내가 보였어요. 그때 나는 키가 컸어요. 138센티미터였어요. 엄마 키는 158센티미터고요. 하지만 엄마는 나를 업고 다녔어요. 나는 걷는 것도 싫어했고, 키가 큰 것에 비해 몸이 참 약했거든요.

주변 사람들은 엄마에게 뭐라고 했어요. 너무 업어 주지 말라고! 하지만 엄마는 아무 말 없이 꿋꿋이 나를 업어 주었어요. 그런 엄마의 모습이, 나를 업고 가파른 언덕을 오르는 모습이 눈앞에 보이는 것 같았어요.

그런데 그 엄마의 모습이 하나님으로 서서히 바뀌는 거예요. 그때서야 알았어요.

'하나님이 지금까지 나를 업고 계셨구나.'

겨울이 바뀌기 시작했어요

'나는 긴 겨울을 보내고 있을 뿐이야.'

그 겨울은 차갑고 어두워요. 나는 아주 좁아터진 나무 속에서 추위를 애써 잊어 보려고 몸을 잔뜩 웅크리고 있었어요.

그런데 눈물을 흘리면서 겨울이 변했어요. 차가운 겨울에서 따뜻한 겨울로 바뀌기 시작했어요.

오붓하고 아늑한 오두막 안에서 난로도 켜고, 따뜻하고 맛있는 음식을 먹었어요. 아주 두꺼워서 왠지 기분이 좋아지는 옷도 입었어요.

하나님, 뭐 해요?

상상을 해 봤어요. 하나님과 나는 같은 집에 있고, 하나님은 방 안에서 뭔가를 하고 계세요. 문득 궁금해진 나는 하나님이 계신 방으로 가요. 방해가 될까 봐 얼굴만 살짝 내밀고 수줍게 물어봐요.

빼꼼.
"하나님, 뭐 해요?"

우리는 좋아하는 사람에게 자주 물어요.

"뭐 해?"

생각해 보니 지금껏 하나님께 '뭐 하세요?'라고 물어본 적이 없었어요. 하나님이 지금 이 순간 뭐 하고 계신지 궁금했던 적이 없었어요. 항상 도움이 필요하거나 속상한 일이 있으면 하나님을 찾았어요. 아무 일도 없는데 하나님을 찾아 본 적이 없었던 것 같아요.

문득 궁금해졌어요. 그래서 또 한번 물어봐요.

"하나님, 뭐 해요?"

하나님은 '앗! 나의 실수' 하는 분이 아니에요

(특별출연) 멜로디 전도사

아브라함 이야기예요.

너의 자손이 하늘의 별과 같이 바다의 모래 같이 많게 해 주겠다.

하나님은 자식이 없는 아브라함에게 약속을 몇 번이나 확인시켜 주셨어요.

아브라함과 사라는 기다림이 길어질수록 현실의 문제를 바라보게 되고, 결국 그 약속을 잊어버렸어요.

'그렇다면 하나님은 내가 아닌 다른 여자의 몸을 빌려서라도
축복해 주시겠지?'

결국 아브라함과 사라는 여종 하갈을 대타로 삼았어요.
그래서 하갈을 통해서 '이스마엘'이라는 아들이 태어났어요.

아브라함과 사라는 하나님께 감사했어요.
비록 하갈을 통했지만 자손을 보았으니까요.

과연, 하나님은
"그래, 어쨌든 자식을
봤으니 축복해주마!"
라고 하셨을까요?

NO!

아브라함과 사라는 포기했지만
하나님은 하나님의 약속을 포기하지 않으셨어요.

약속한대로 이미 폐경을 겪은 사라에게 아들을 주셨어요.
약속의 아들은 '이삭'이었어요.

누가 상상할 수 있었을까요?
상식과 지식, 경험을 벗어난 하나님을요.

멜로디 전도사님이 이야기해 주었어요.

"세월이 약이라 시간이 지나면 잊히기도 하고, 기억하고 싶지 않은 것을 억지로 잊으려고 애쓰기도 하고, 너무 바빠서 잊기도 해요. 잊는 것이 도움이 될 때가 있어요. 하지만 꼭 잊지 말아야 할 것도 있어요. 그것은 바로 하나님이 우리에게 하신 약속의 말씀이에요. 그런데 우리는 너무나 금방 잊어버려요. 약속을 기억할 수 있는 유효기간이 너무 짧아요. 하지만 나는 잊어버려도 하나님은 절대 잊는 법이 없으세요."

맞아요. 하나님은 신실하신 분이에요. '앗! 나의 실수!' 하는 분이 아니에요. 우리의 머리털 하나까지 세시는 분이잖아요. 하나님은 하나님의 방법과 계획대로 아브라함을 축복하셨고, 약속의 아들인 이삭을 통해 그의 자손을 번성하게 하셨어요.

하나님은 애굽에서 포로 생활을 하고 있는 이스라엘 백성에게도 약속하셨어요. 젖과 꿀이 흐르는 가나안 땅을 주겠다고 말이에요. 그 약속이 오늘, 지금 당장 이뤄지면 얼마나 좋겠어요? 항상 기억하고 감사할 수 있잖아요.

그러나 이스라엘 백성 앞에 보이는 건 메마르고 적막한 광야뿐이었어요. 낮에는 찌는 듯 덥고, 밤에는 얼어 죽을 것처럼 추웠어요. 오히려 노예생활을 그리워할 만큼 궁핍했어요. 먹을 음식도, 마실 물도 없었어요. 그래도 하나님은 기억하고 계셨어요. 그들이 가나안 땅을 누릴 준비가 될 때까지 기다려 주셨어요.

그들과 하나님 중에 누가 더 애탔을까? 오히려 하나님이 더 애가 탔어요! 그들이 약속을 잊고 '하나님은 거짓말쟁이야!' 하면서 덥다고, 춥다고, 배고프다고 불평불만을 가득 이야기할 때도, 하나님은 그들을 지켜보시며 낮에는 구름기둥, 밤에는 불기둥으로 인도하셨고 틈틈이 먹을 것을 필요한 만큼 공급해 주셨어요.

멜로디 전도사님이 이야기해 주었어요.

"하나님은 기다리고 계십니다. 그 약속을 이룰 날을요. 그 약속을 받을 준비가 되도록 우리를 만지고 계십니다."

그때 하나님이 내게 해 주신 한마디가 가슴을 울렸어요.

"딸아, 내가 너를 사랑한다.
네가 상상할 수 없을 만큼."

나는 속으로 대답했어요.

'네, 알아요.
그런데 마음은 어딘가가
텅텅 비어 있어요.'

경선 씨, 왜 공허해요?

멜로디 전도사님에게서 연락이 왔어요.

"경선 씨, 하고 싶은 이야기가 있어요."

"뭔데요?"

"왜 공허해요?"

"네? 저는 공허하다고 한 적 없는데요?"

"그냥 느껴져요."

나는 놀라고 말았어요.

'세상에. 어떻게 알았지?'

물어보려고 하던 찰나, 멜로디 전도사님이 먼저 말해
주었어요.

"어떻게 알았는지 물어본다면 그건 저도 모르겠어요. 그
냥 경선 씨 마음속 깊은 곳에 공허함이 있는 것 같아요."

잠시 멍하게 생각하는 동안에 멜로디 전도사님은 또 이야기 했어요.

"경선 씨, 지금은 다른 사람보다 더 감사하고 충만해야 할 시간 같아요. 경선 씨는 복 받은 사람이에요. 경선 씨를 사랑하는 하나님이 경선 씨와 더 깊이 만나려고 하세요."

여전히 멜로디 전도사님의 이야기는 이해가 잘 안 돼요. 그래서 하나님께 이야기했어요.

"하나님, 잘 모르겠어요. 제가 둔감해서인지 잘 이해가 안 돼요. 그러니 알 수 있게 조금만 더 쉬운 방법으로 알려주시면 안 될까요?"

예뻐

서촌에 가려고 지하철을 탔어요. 앞에 앉은 할아버지가
나를 톡톡 치더니 손가락으로 무언가를 가리켰어요.

'내 뒤에 빈자리가 났다고 알려주시는 건가?'

가리키는 방향으로 뒤를 돌아봤어요. 그런데 빈자리는
없었어요.

'어라? 그럼 뭐지?'

어리둥절한 나는 할아버지께 "네?" 하고 물어봤어요.

그랬더니 할아버지는 수줍게 내 가방을 가리키면서 말
씀했어요.

"예뻐."

이제야 알아들은 나는 빙그레 미소로 답했어요.

마치 하나님이 나를 보고 예쁘다고 해 주시는 것 같았
어요. 할아버지를 통해서요.

기다림의 시간을 주실 때가 있어요

《죽음의 수용소에서》
책에 이런 내용이
나와요.

2차 세계대전

빅터는 유대인이라는 이유로 포로수용소에서 3년을 보내요.
그 곳에는 많은 유대인이 갇혀있었죠.

그런데 희한하게 크리스마스에서 신년까지
일주일동안 많은 유대인이 갑자기 죽었대요.

그들은 곧 자유를 되찾을거라는 기대를 많이 했대요.

그런데 크리스마스가 지나도
석방될 기미가 보이지 않았어요.

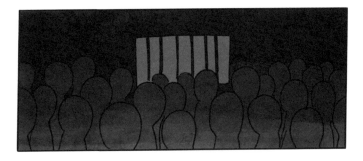

실망한 그들의 마음에
병이 들기 시작했어요.

절망한 그들은 자포자기해서 막살기로 했어요.
서로 싸움도 했어요.

안타깝게도 많은 유대인이 죽고 4개월 후에
히틀러가 연합군에게 항복을 했어요. 전쟁이 끝난 거예요.

비로소 유대인은 자유를 얻게 되었어요.
그렇게도 기다렸던 자유를요.

우리의 관점에서 보면 하나님은
우리 기도에 즉각 응답하실 때가 있고,
기다림의 시간을 주실때가 있어요.

분명한 건
하나님은 우리가 구하는 것에
반드시 응답하신다는 거예요.

우리가
하나님의 뜻에 합하게
믿고 구하기만 한다면요.

그때도 하나님은
나를 보고 계셨어요

유대인의 간절함이 절망으로 바뀐 순간, 방콕에서의 내 모습이 떠올랐어요. 내 모습도 그랬어요. 포로수용소에 있던 유대인들과 다를 게 없었어요.

아주 깊은 슬픔이 덮쳤어요.
하나님은 그런 내게 말씀하셨어요.

"경선아, 내가 너를 너무나 사랑해"

하나님은 방콕에서 나를 가만히 두지 않으셨어요. 주변 사람들을 통해서 매일 참견하셨어요. 방콕 CGN TV의 PD님, 사모님, 미용실 동생, 심지어 호텔 직원들까지 사

용하셨어요. 호텔 직원들은 내가 끼니를 거를 때마다 방
으로 전화해서 나를 귀찮게 했어요.

한국으로 급히 돌아왔을 때도 마찬가지였어요. 나는 아
무에게도 연락하지 않았어요. 눈물도 나오지 않았어요.
성경도 보지 않았어요. 그저 멍하게 시간을 보냈어요.

그때마다 하나님은 영화를 통해서도 말씀하시고, 사람
들을 보내서도 말씀하셨어요. 어딜 가든지, 뭘 하든지 꼭
신호를 보내셨어요.

하나님은 계속
내 곁에 계셨어요.

그런데 나는 그런 하나님을 보지 못했어요. 마음이 계속 공허했어요. 하나님은 그런 날 보며 얼마나 안타까우셨을까요?

이제야 조각 몇 개가 연결됐어요

나는 복 받은 사람이었어요! 하나님은 그동안 단 한순간도 빠짐없이 나를 지키고 보호하셨어요. 그리고 참 많은 걸 주셨어요.

먼저 하나님은 내게 엄마를 주셨어요. 예수님의 엄마로 가장 합한 마리아를 택하신 것처럼, 나의 엄마로 가장 합한 사람을 딱 찾아 주신 거예요.

엄마가 아니면 지금의 나도 없었을 거예요. 내가 이만큼 클 수 있게 해 주신 분이 엄마니까요. 그러니까 엄마는 내 엄마 역할로 딱이에요.

그러면 배우자도 마찬가지 아닐까요?

내게 합한 배우자가 어떤 사람인지는 하나님이 가장 잘 아시잖아요. 실수하는 분이 아니니까요. 그런데 하나님이 나와 맞다고 생각하시는 그 배우자를 내가 싫어할 수 있 잖아요. 그래서 하나님은 내가 원하는 남자를 먼저 보여 주셨던 게 아닐까요? "네가 원하는 남자가 바로 이 런 남자인데, 어떠니?" 하면서 말이에요. 그럼 나는 말 하겠죠.

"처음엔 너무 좋았는데, 계속 보니까 모르겠어요. 이상 하게 불편해요."

당연해요. 나는 하나님보다도 나에 대해서 모르니까,

내가 원하는 남자는 내게 합한 사람이 아닐 수도 있는 거예요.

그렇게 여러 명이 스쳐가요. 그러면서 깨달아요.

'이런 남자는 나랑 안 어울리는 것 같아.'

그러면서 훈련을 해요. 하나님이 직접 고르신 사람을 보내셨을 때, 그 사람을 납득하고 기쁘게 받아들일 수 있을 때까지요.

하나님은 이미 오래 전부터 내게 가장 좋은 선물을 준비하셨을 거예요. 그런데 내가 그 선물을 받고 "이게 뭐

에요! 하나님 미워!" 할 수도 있잖아요. 그러니까 시간이
필요했던 거였어요. 내가 감사하며 눈물로 그 선물을 기
쁘게 받을 수 있도록 준비시킬 시간 말이에요. 하나님은
진짜 빨리 주고 싶어서 안달인데 내가 눈치를 못 챘어요.
너무나 오랜 여정을 보내면서 스스로를 학대하고 아파했
어요.

　하나님은 그런 나를 가장 가까운 곳에서 보고 계셨어
요. 너무나 아프셨을 거예요. 계속 아파하시며 "딸아, 딸
아" 하고 부르셨을 거예요.

　하나님은 어쩌면 내가 아는 것보다 정말 더 어마어마하
게 많은 준비를 하고 많이 움직이고 계실지도 몰라요. 내
가 상상할 수 없을 만큼.

이제야 조각 몇 개가 연결됐어요.

정말 나는 하나님한테 참 많이 받았어요.

너무너무 과분해요.

감사해요.

하나님, 사랑합니다.

결혼은 1년짜리가 아니니까요

한번은 멜로디 전도사님에게 이런 말을 한 적이 있어요.

"전도사님, 저는 결혼은 늦게 해도 좋으니 연애만이라도 하고 싶어요! 어떻게 해야 하죠?"

전도사님이 말해 줬어요.

"결혼에는 사랑이 정말 중요하지만. 인내, 헌신, 절제, 용서, 온유함 등 필요한 게 참 많아요. 내가 죽어야 할 때도 있어요. 경선 씨는 결혼에 대한 아름다운 소망이 있잖아요? 그래서 하나님께서 그 기도를 들어주시려고 경선 씨를 준비시키는 거예요. 1년짜리 결혼이 아니라, 평생 잘 살 수 있는 결혼을 위해서요."

"아하! 하나님은, 나 잘 살게 해 주고 싶으신 거네요! 언제가 될지 모르겠지만 꾹 참고 잘 기다려 봐야겠죠."

◇

4장

자라는

중이에요

하나님이 아직 남자를 안 주셨어

《예수님이 좋아요》라는 월간지의 어린이 기자와 인터
뷰를 했어요. 어떤 아이가 내게 물어봤어요.

"가장 좋아하는 성경 구절이 뭐예요?"

갑자기 기억이 안 나는 거예요! 요한복음이었는지, 빌
립보서였는지 한참 기억을 더듬다가 겨우 알아내서 답해
줬어요. 그리고 솔직하게 말했어요.

"미안해, 내가 성경을 잘 안 봐."

다른 아이가 질문했어요.

"지금 삶에 만족하세요?"

"아니!"

예상 밖이었는지, 내 대답에 모두 당황한 얼굴이었어요. 질문을 했던 아이가 당황하며 다시 물어봤어요.

"왜… 왜요?"

그래서 나는 웃으면서 대답했어요.

"내가 나이가 조금 많아. 그런데 하나님이 남자를 안 주셨어. 그래서 만족 못 해!"

멍하게 예배를 드리고 싶지 않아요

캄보디아에 선교를 다녀왔어요. 선교를 다녀오면 어느 때보다 주일이 기다려져요. 가장 설레고 중요한 주일이 선교를 다녀온 후 첫 주일이에요.

그런데 그 중요한 날, 말씀을 적어 줄 친구가 없었어요. 그날따라 아무도 시간이 안 된다는 거예요. 밤 열두 시까지 모든 친구에게 메시지를 보냈어요.

'내일 나랑 같이 예배를 드릴 수 있을까?'

모두 안 된대요. 사실 머리로는 알고 있었어요. 말씀을 듣지 못해도, 혼자라도 교회에 가면 돼요. 그런데 다음 날, 나는 교회에 안 갔어요.

하나님께 죄송했어요. 착잡하고 서러운 마음도 있었어요. 마음이 참 복잡했어요. 말씀을 듣고 싶은데, 점점 친구들과 예배를 드릴 수 없는 상황이 닥치니 왠지 슬펐어요. 매번 새로운 사람을 알아 가면서 같이 예배를 드리려고 발버둥 치며 애쓰는 것도 이젠 하기 싫었어요.

그래서 하나님께 회개하고 솔직하게 말했어요.

"하나님, 죄송해요. 오늘 교회에 안 갔어요. 빨리 배우자를 보내 주세요. 예배드릴 때마다 매번 힘들게 사람을 찾고 싶지 않아요. 멍하게 예배를 드리고 싶지 않아요."

수영을 하면서도
하나님을 만나요

수영을
배우기 시작했어요.

수영하면서 우울증이 조금이나마 나아지기 시작한 것
같아요. 물 속 깊이 들어가면 또 다른 세상이 열려요.

아무도 없는 그곳은 아주 고요하고 평온해요.
뭐랄까요,

천국에 와 있는 느낌이에요!
아직 안 가봤지만요.

상상을 해 봤어요.

하나님과 나만 마주보고 있는 찬란한 세상이요.

물속이 딱 그런 느낌이에요.

특히 배영을 할 때 그래요. 배영은 몸에 힘을 빼고 가만히 물 위에 누워야 해요. 물에 몸을 맡겨야 해요. 그리고 내 몸을 부드럽게 만져 주는 물결을 즐기는 거예요. 천장이 서서히 움직이고 물이 내 몸을 운반해 줘요. 그때 그 느낌이 참 평화로워요.

하나님과

이런 방법으로도
대화를 나눠요.

이제 아프고 싶지 않아요

하나님, 뭐랄까요.
20대와 30대는 확실히 다른 것 같아요.

20대 때는 마음에 드는 남자와 잘 안 되어도 여유가 있었어요. '앞으로 시간은 얼마든지 있잖아' 하고 위로할 수 있었어요. 크게 상심하지 않았어요.

그런데 30대가 되고 보니 자존감이 괜히 낮아지네요. 막막하기도 하고요. 서른 살이 지나서도 배우자를 못 만났다는 이야기가 내 이야기가 될 줄 몰랐어요.

얼마 전에 친한 언니가 이별을 겪고 굉장히 슬퍼했어요. 그 아픔이 공감이 됐어요. 20대였다면 '더 좋은 남자

를 만나면 되는데, 왜 저렇게 슬퍼하지?' 하고 이해를 못
했을 거예요. 지금은 하나님이 선하신 분이니 그 언니에
게 분명 더 좋은 사람을 주실 거라는 걸 믿지만, 동시에
그 아픈 마음도 너무나 이해가 돼요.

이제는 아프고 싶지 않아요.

하나님은 주고 싶으신 거예요

하나님은, 사소한 말도 다 기억해 두시는 분이었어요.

아무 직업도 없었던 스물다섯 살, 나는 꿈이 있었어요. 그래서 하나님께 겁 없이 이렇게 기도했어요.

"하나님, 저 영향력이 큰 사람이 되게 해 주세요."

말이 좋아 영향력이 큰 사람이죠. 나는 그냥 유명한 사람이 되고 싶었어요. 그래서 선한 일을 많이 하고 싶었어요.

그런데 이런 저런 일들을 겪어 오면서 생각이 바뀌었어요. 영향력이 큰 사람보다 인간다운 사람이 되고 싶어요. 꾸밈이나 가식 없이 있는 그대로 보여줄 줄 아는 사람이요.

그런데 하나님은 내 생각이 바뀌었어도, 10년 전 내 기도를 그냥 지나치지 않으셨어요. 사람들이 보기엔 아무

것도 내세울 것 없는 백수가 "영향력이 큰 사람이 되게 해 주세요!"라고 기도하는 모습을 보면 코웃음을 칠 수도 있잖아요. '쯧쯧, 취직이나 해'라고 생각하면서요.

그런데 하나님은 비웃지 않으셨어요. 안된다고 하지 않으셨어요. 단지 내가 다듬어야 할 부분, 알아야 할 것이 많다는 걸 알려 주셨어요. 그래서 그만큼 시간이 필요했어요. 하나님은 지금까지도 내게 필요한 것들을 하나씩 보여 주세요.

그렇게 한 걸음 한 걸음 걸으며 여기까지 왔어요. 아직도 갈 길은 멀어요.

어쩌면, 배우자도 그렇겠죠?

처음에 내가 배우자 기도를 시작하며 적은 조건이요.

누가 봐도 멋진 사람이잖아요. 남들이 보기에 부럽다 못해 배 아파할 남자. 이정도면 아주 멋진 사람이잖아요.

어떤 사람들은 그럴 수도 있어요.

"어휴, 눈이 참 높네. 과연 그런 남자가 있기나 하겠어?"

고개를 절레절레 저을 수도 있어요. 그런데 하나님은 주고 싶으신 거예요.

"그래!
사랑하는 내 딸이 원하니까 줄게!

하지만 그 전에
이것저것 해 볼까?"

이상하게 마음이 잔잔해지면서 평온이 밀려왔어요.

어때요? 사랑스럽지 않나요?

얼마 전에 말씀을 적어 줄 사람이 없어서 교회에 안 갔잖아요? 나중에 생각해 보니 말씀을 듣는 것보다 예배를 드리는 자체가 중요하더라고요.

나는 설교 시간이 견디기 힘들어요. 무슨 말인지 하나도 들을 수 없으니까요. 그 시간이 길고 답답해요. 그래도 어떻게든 예배드리면 그 노력이 가상하잖아요. 여우같은 생각이라고 할 수도 있지만, 이렇게라도 예배드리면 하나님이 더 기뻐하시지 않을까요? 누구보다 내 마음을 잘 아시는 하나님이니까요!

말씀 적어 줄 사람은 없었지만, 나는 좋아하는 예쁜 옷을 골라 입고 교회에 갔어요. 일찍 와서 아직 조용한 예배당 가운데에 자리 잡고 앉았어요. 고요한 십자가를 보면서 흐뭇했어요. 속으로 말했어요.

'하나님, 저 왔어요. 말씀 적어 줄 사람 없어도 이렇게 왔어요. 그러니 더 예뻐해 주셔야 해요. 그러니까 빨리 말씀을 적어 줄 배우자를 보내 주세요.'

하나님의 사랑스러워서 껄껄 웃는 소리가 들리는 것 같았어요.

'그래, 알았다!'

그리고 보였어요.

하나님과 베니가
춤을 추고 있는 모습이요.

"나는 경선 씨가 너무 예뻐요."

멜로디 전도사님에게 문자메시지가 왔어요. 나는 어리둥절했어요. 그래서 물어봤어요.

"전도사님, 저는 신앙이 성숙한 편도 아니고, 그렇다고 신앙생활을 착실하게 하는 편도 아니잖아요. 가끔 우울증도 있고, 기분이 아주 들쑥날쑥해서 하나님을 속상하게 하는데, 왜 제가 예뻐요?"

그랬더니 멜로디 전도사님이 다정하게 말씀하셨어요.

"하나님은 아주 크신 분이세요. 우리를 만드신 분이세요. 우리 속성을 너무나 잘 아세요. 그러니 하나님은 우리가 당신 앞에서 엉큼하게 속이는 걸 보면서 속상해하세요. 반대로 조금 실수를 하더라도 있는 그대로를 다 꺼내 이야기하고, 때로는 투정도 부리는 모습을 하나님은 참 예쁘게 보세요."

배우자가 존재하기는 하나요?

한 친구가 좋은 남자를 만나서 행복에 흠뻑 빠졌어요.
매일매일 나에게 입술이 마를 때까지 남자친구 자랑을
해요. 나는 그런 친구의 모습이 너무나 부러웠어요. 그래
서 하나님께 투정을 부렸어요.

"하나님! 저한테는 언제 주실 거예요! 언제까지 기다리
게 하실 거예요!"

그 기도를 하고 바로 다음 주일에 교회에 갔어요. 그날
말씀이 아브라함과 사라 이야기였어요.

하나님이 아브라함 앞에 나타나 물으셨어요.

내년 이맘때에
내가 반드시 너에게
돌아올 것이니
그때 네 아내 사라에게
아들이 있을 것이다.

그 이야기를 들으며 나는 하나님께 졸랐어요.

"하나님, 사라에게 1년이라고 정확히 콕! 집어 말씀하
셨잖아요. 저도 알려 주시면 안 돼요? 결혼이 급한 게 아
니고, 정말 배우자가 존재하긴 하는지 궁금해요."

엄마와 얘기를 하는데
갑자기 눈앞에 배우자의 모습이
보이는 것 같았어요.

누군지도 모르는데, 얼굴도 안 보이는데 이상하게 배우자라는 건 알 것 같았어요. 그 배우자가 나에게, 내가 상상도 할 수 없는, 상상도 못 했던 고백을 하는 거예요.

사실 어떤 고백인지도 모르죠. 그런데 그 고백을 받자마자 내가 너무나 놀라요. 그리고 펑펑 울어요. '예쁘게 눈물을 또르르' 같은 모습이 아니에요. 완전 오열이에요. 아마도 지나간 시간들이 주마등처럼 지나가면서 펑펑 울게 된 것 같아요.

배우자는 그런 내 모습을 보며 놀라요. 하지만 당황은 잠시였고, 그냥 말없이, 나에게 왜 우느냐고 묻지도 않고 그저 안아줘요.

그런 모습이 보여서 엄마한테 그대로 얘기를 했어요. 아직 일어나지도 않은 일인데 정말로 일어난 것처럼, 마치 겪은 것처럼 너무나 울컥해서 엄마 앞에서 펑펑 울었어요.

지쳤고, 지쳤어요

어느 날 페이스북에서 우연히 사진 한 장을 발견했어요. 십 년 전, 청년부에서 찍은 단체 사진이었어요.

처음에는 반가운 마음으로 추억을 떠올리며 한 명, 한명 얼굴을 봤어요. 그런데 문득 슬퍼졌어요.

'이 친구도 결혼했고, 이 친구는 애기도 낳았지. 얘도, 얘도, 얘도 결혼했지.'

사진 한 장을 채운 사람들이 모두 결혼한 거예요. 나 혼자 결혼을 안 했더라고요.

혼자 남겨진 듯한 내 모습을 느끼고

다시 우울의 늪에
한없이 빠졌어요.

지쳤고,
지쳤어요.

기다리는 것도
이제 싫어요.

그날 나는 죽었어요.

비록 정말 죽은 건 아니었지만,
내 영혼은 죽은 것과 마찬가지였어요.

◇

5장

희귀한 보석의 가치를

알아보는 사람이 나타났어요

다 때려치울래요

"하나님, 이 남자는 하나님이 보내 주신 배우자인가요?"

"하나님, 이 남자도 아니라면 상황으로 확실하게 보여 주세요."

"하나님, 하나님이 원하는 남자가 아니면 저에게 신호를 주세요."

하나님께 참 별걸 다 물어봤어요. 물어보고, 실망하고, 지치고, 다시 힘내고… 계속 반복되었죠.

그러던 어느 날,

문득 그런 생각이 들었어요.

'어쩌면 나는
내가 보고 싶은 대로만,
엉뚱한 쪽만 보고 있는 건 아닐까?'

에이! 몰라! 다 때려치웠어요.

한 남자를 만났어요

나는 아무 생각 하고 싶지 않을 때
게임을 해요.

전쟁도 하고 결투도 벌이는 게임이에요.
뭐, 실력이 뛰어난 편은 아니에요.
마음만 앞서는 플레이어예요.

그날도 오랫동안 하지않았던 게임을 시작했어요.
아무 생각 하고 싶지 않았거든요.

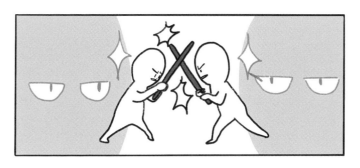

게임 속에서는 보통 사람과 사람이 결투를 벌여요.
서로 공격할 타이밍을 계산해요.

그런데 유독 사람들은 한 남자를 이길 수 없었어요.

그 남자는 사람들의 공격 타이밍보다
한수 먼저, 멀리 계산을 하면서 요리조리 잘 피해다녔어요.
그들의 공격을 비웃기라도 하는 것처럼요.

나는 어땠냐고요?

나는 마음만 앞서는 플레이어라고 말했잖아요.

사람들은 미리 계산하고 움직이는데
나는 무작정 돌진하는 스타일이에요.
그래서 항상 패배하고 말았어요.

그런데 이상했어요. 아무도 이기지 못했던 그를
나는 유일하게 이겼어요.

항상 남들보다 한 수, 두 수 먼저 앞서 계산하던 그 남자에겐
계산 없이 돌진하는 내가 오히려 복병이었던 거예요.

사람들의 놀림감이 되어야 했던 그 남자는
매일 나에게 결투 신청을 했어요. 어떻게든, 회복하겠노라고!

비록 게임 속에서는 서로를 죽고 죽이는 잔인한 관계였지만,
우리는 게임을 하면서 친한 누나, 동생이 되었어요.

나를 찾아 봐

쌀쌀한 봄에서 시원한 초여름으로 계절이 바뀔 때였어요. 게임을 시작한 지는 4개월이 되었어요. 내 생일을 맞이했고, 바쁘게 살았던 나를 위해 잠시 휴식을 가지고 싶었어요. 그래서 파리로 잠시 여행을 다녀오기로 했어요. 혼자요.

출발 전날, 신사동에서 친구를 만나기로 했어요. 마침 게임을 하며 만났던 그 동생이 생각났어요. 신사동에 산다고 했거든요.

채팅창에서 말을 걸었어요.

"나 내일 신사동에 간다!"

동생이 답장을 보냈어요.

"그래서?"

문득 재미있는 게임을
해 보고 싶다는 생각을 했어요.
물론 이번에는 현실세계에서요.

"신사동에서 날 찾아 봐라!"

동생은 황당하다는 듯 답장을 보냈어요.
"어떻게 찾아! 말이 되는 소리를 해야지."
그래서 나는 강수를 던졌어요.

"날 찾으면 백만 원 줄게."

순간 채팅창이 술렁거렸어요. 다른 사람도 도전하고 싶다고 여기저기 손을 들었어요. 나는 조건을 걸었어요.

"단 저녁 5시부터 6시까지 한 시간 동안만."

직장에 다니는 사람들은 많이 아쉬워했어요. 그 동생은 매우 솔깃해했어요.

"찾아 볼게! 하지만 나는 누나 이름도 얼굴도 몰라. 그러니 힌트를 줘야 해."

"알겠어!"

드디어 만났어요

다음 날, 나는 신사동으로 갔어요. 드디어 기다리던 5시가 되었고, 게임을 시작했어요.

힌트를 주겠다고 했던 약속대로 10분마다 내가 있는 위치의 무언가를 사진 찍어 채팅창에 올렸어요. 예를 들면, 옷가게 안의 옷만 찍어서 보내거나. 골목의 한 부분을 찍어 보내는 거죠. 모두 흥미진진하게 지켜보고 있었어요.

정확히
5시 55분.

내 앞에 어떤 남자가 '으이그!' 하며 다가왔어요.
그러면서 인사를 걸어 왔어요.

순간 나는 바짝!
얼어붙고 말았어요.

나는 청각장애가 있어,
시각장애도…

막상 그 동생을 만나고 나니 어떻게 대화를 시작해야 할지 잘 몰랐어요. 만약 내가 장애인이라는 사실을 소문 내면 어떡하나 걱정도 됐어요.

사실, 게임을 하면서 나는 사람들에게 내 이야기를 하지 않았어요. 나이와 성별만 말해 줬을 뿐이에요.

'어쩌지? 말해야 하나?'

그냥 지르고 봐야겠다고 생각했어요. 그래서 그냥 대수롭지 않게 웃으면서 이야기했어요.

"나, 청각장애가 있어. 말을 천천히 해 줘야 해. 입 모양을 보고 알아들으니까!"

나는 동생이 당황할 거라고 생각했어요. '어떻게 하지?' 하며 어쩔 줄 몰라하거나, 어색해할 것 같았거든요.

그런데 그 동생의 반응은 예상 밖이었어요. 아무렇지 않게 알겠다고 끄덕해 줬어요. 전혀 놀라거나 당황하지 않았어요. 그리고 바로 말을 천천히 해 주었어요. 왠지 모르게 마음이 편안해졌어요.

그렇게 몇 마디 대화를 주고받다가 문득 내일 파리에 가기 전 이티켓을 출력해야 한다는 사실이 생각났어요.

"참, 나 이티켓을 출력해야 하는데… 혹시 이 근처 아는 PC방 있어?"

그 동생은 나를 PC방으로 안내해 줬어요. 그곳은 어두운 지하로 내려가야 했어요. 나는 계단 앞에서 멈칫했어요. 멋쩍게 웃으면서 동생에게 말했어요.

"나 말 안 한 게 또 있어. 나는 시각장애도 있어. 그래서 지금 어두워서 안 보여."

 그 동생은 망설임 없이 나에게 두 손을 내밀어 주었어
요. 마치 아기에게 안전하게 오라고 손을 뻗어 주는 것 같
았어요.

 순간 가슴이 설렜어요!

 PC방에서 나오면서 동생에게 말했어요.

"약속은 지켜야겠지?"

날 찾으면 백만 원을 준다고 했잖아요. 동생은 화들짝 놀랐어요. '진짜로 주려고 하는 건가?' 하는 표정이었어요.

나는 의기양양하게 동생을 카페로 데려갔어요. 조용한 구석자리로 가 앉았어요. 나는 눈을 반짝이며 말했어요.

"마음의 준비를 해!"

그러고는 가방에서 돈을 꺼냈어요. 백 원 동전 하나, 만 원 지폐 한 장.

"자, 백, 만 원."

동생은 어처구니가 없다는 듯 웃었어요. 그리고 그 돈으로 **달달한 아이스초코**를 사 줬어요.

그건 누나 잘못이 아니야

파리 여행을 하면서, 어두워지기 전에 숙소로 돌아와야 했어요. 혼자 여행을 할 때는 어쩔 수 없어요. 마치 신데렐라가 된 것 같은 기분이 들어요.

숙소로 들어오면 항상 심심해요. 파리에서 며칠 지내면서 심심해진 나는 동생에게 연락을 했어요. 이런 저런 이야기를 주고받다가 문득 첫 만남이 생각났어요. 그래서 동생에게 말했어요.

"너 그때 내 말을 되게 잘 알아듣던데?"
"누나 발음 아주 좋아!"
"아니야. 내 발음 듣기 싫다고 피곤하다는 사람도 많아."

"그건 누나 잘못이 아니야.
그 사람들의 마음 문제야."

동생의 그 말에 나는 크게 놀랐어요. 순간 멍해지면서
아무 말도 못했어요.

나는 내 발음이
자랑스러워요.
어렵게 배웠고, 열심히 배웠으니까요. 청각장애가 있음
에도 이만큼 말할 수 있다는 자체가 자랑스럽거든요.
그런데 첫 책으로 세상에 나왔을 때, 내 발음에 대한 온
갖 말이 따라다녔어요.

'쟤는 발음이 왜 저렇게 어눌해?'

'못 듣겠어.'

'목소리가 소음이야.'

　사람들은 아무렇지 않게 툭툭 던지는 말인데, 나에게는 그 말이 큰 바윗덩어리로 가슴을 짓누르는 것 같았어요. 정말 혼란스러웠어요. '지금 내가 말하고 있는 순간에 저 사람은 무슨 생각을 할까?' 하는 생각 때문에 입을 열기가 두려워졌어요.

　그 혼란이 결국 공황장애로까지 이어졌어요. 결국 인터뷰를 모두 거절하고 다음 작품을 준비했어요.

그렇게 또 2년이라는 시간이 흘렀고 그 시간과 함께 상처도 아무는 것 같았어요. 그런데 두 번째 작품으로 다시 세상에 인사를 하게 되었을 때, 또 다시 내 발음에 대한 말들이 오고갔어요.

결국 나는 더 이상 외면할 수 없었어요. 하나님께 물었어요.

"하나님, 제 발음이 그렇게 문제가 있나요? 이걸 제가 어떻게 받아들여야 하는 거죠?"

그런데 문득 그런 생각이 들었어요. 한국어를 하는 외국 사람들도 사실 발음이 그리 신통치는 않잖아요. 그런데 사람들은 그들의 발음을 크게 문제 삼지 않아요. 오히려 한국말을 잘한다고 놀라워하잖아요. 그건 분명 그들의 노력을 인정해 주는 걸 거예요.

청각장애인도 완벽하지는 않아요. 내 목소리를 듣지 못하는데 이만큼 말하려면 얼마나 많은 노력을 해야 하는지 몰라요. **나는 내 발음을 아주 특별하게 여겼어요.** 예쁘다는 칭찬보다 발음이 좋다는 칭찬을 더 좋아했어요. 발음이 좋다는 칭찬을 들으면 그저 기분이 좋았어요.

그런데 마음가짐이 달라지게 됐어요. 이제는 기분이 좋은 것보다 **깊이 감사할 줄 알게 됐어요. 내 노력을 알아봐 준 거니까요!**

그렇게 생각하고 나니 내 발음에 대해 나쁘게 표현하는 말을 들어도 상처받을 이유가 없어졌어요. 오랜 숙제 중 하나였던 '발음'에서 자유로워졌어요. 그렇게 되기까지 3년이나 걸렸어요.

그런데 그 동생은 나에게 아무도 해 주지 않았던 말, 나조차 3년이나 걸려서 겨우 풀었던 숙제를 너무나 쉽게 풀었어요. 정말 크게 놀랐어요.

그렇게,
마음의 문이
열렸어요.

그 동생이
내 남자친구가
되었어요.

남자친구는 흔들리지 않았어요

나는 남자친구를 한 달 동안 매일 만났어요. 그리고 엄마에게 처음으로 소개할 수 있게 됐어요.

엄마는 남자친구와 내 모습을 보고 흐뭇해했어요. 하지만 걱정도 앞섰대요. 아직 한 달밖에 되지 않았거든요.

한 달이면 아직 좋을 때고 얼마든지 좋은 감정으로 잘 지낼 수 있는 시기니까요. 남자친구가 과연 변하지 않을 사람인지, 엄마는 알고 싶었대요. 그래서 엄마가 제안을 했어요.

마침 망막색소변성협회에서 매년 여름마다 여는 캠프가 다가오고 있었어요. 그 캠프에는 전국에서 모든 환우가 모여요. 상황은 참 다양해요. 나처럼 아직 실명하지 않

은 사람도 있고, 이미 실명한 사람도 있어요. 그래서 '현
실'을 뼈저리게 느낄 수 있는 유쾌하지 않은 캠프예요.

엄마는 그 캠프에 남자친구를 초대했어요. 남자친구가
캠프에 다녀와서 조금이라도 변함이 없다면 걱정하지 않
겠다고 했어요.

나는 조심스럽게 남자친구에게 말했어요.
"그 캠프는 재미없어. 그래도 갈 거야?"
그러자 남자친구가 단호하게 대답했어요.
"놀려고 가는 게 아니라 알려고 가는 거야. 꼭 가야지!"

남자친구와 함께 캠프에 갔어요. 남자친구는 세미나도
아주 열심히 듣고, 환우들과도 열심히 이야기를 나눴어요.

캠프가 끝났고,
그 후에도 남자친구는
조금도 흔들림이 없었어요.

앞으로 구경선을 사랑하기로
결심했어

햇살이 참 좋은 날, 예쁜 커피숍에 남자친구와 마주 앉았어요. 맛있어 보이는 음료를 주문하고 설레는 마음으로 기다렸어요. 그런데 남자친구가 불쑥 말했어요.

"친구가 자기 보고 싶대."

"어?"

남자친구에게는 '베스트 프렌드'라고 말할 만 한 친구가 한 명 있어요. 아주 어릴 때부터 쭈욱 함께 해 온 친구에요. 그 친구에게 내 이야기를 했대요.

떨리는 마음으로 물어봤어요.

"친구가 내 이야기를 듣고 뭐래?"

그 친구는 오히려 나를 걱정하고 있대요. 남자친구가 지금이야 좋을 때니 잘해 주겠지만, 혹여나 나중에 마음이 변해서 나를 힘들게 하면 어떻게 할 거냐고 했대요.

그래서 남자친구가 친구에게 그 말을 듣고 아주 곰곰이
생각을 해 봤대요. 자기가 정말 변할 사람인지 아닌지를
요. 며칠 고민한 끝에 결심을 하게 됐대요.

"나는 구경선을 좋아하는 걸 그만두기로 했어.
앞으로 구경선을
사랑하기로 결심했어."

그 순간
눈물이 나오려는 걸
참느라 혼났어요.

◇

나는 세상에서 제일

행복한 여자가 되었어요

하나님은 사소한 것 하나까지
놓치지 않으세요

있잖아요. 하나님은 내가 뱉은 사소한 말도 다 놓치지 않고 기억하시는 분이에요.

배우자 기도를 하면서 한나라는 한 친구를 만났어요. 한나는 나와 같은 망막색소변성증이 있어요. 그 친구는 한 남자를 만나 결혼하게 되었어요. 무척 기뻤어요. 진심을 다해 축하해 주었어요.

나중에 한나를 만났는데, 남편이 한나를 데려다주고 데리러 오는 거예요. 그 친구의 눈이 되어 주는 느낌으로요. 든든한 왕자님 같았어요.

그 모습이 너무나 부러웠어요. 그래서 하나님께 말했어요.

"하나님,
저 너무 부러워요.
저도 저런 남편을 만나게 해 주세요."

그리고 시간이 흐르면서 지치고, 지치다 보니 그런 기도를 했던 걸 잊어버렸어요. 아주 까맣게요.
그런데 하나님은 내 그 기도에 응답하셔서 지금의 남편을 만나게 해 주셨어요.

또 다른 여자아이가 있어요. 이름이 진주예요. 나랑 생일도 똑같고, 나랑 같은 망막색소변성증도 있어요. 그렇게 인연이 닿아서 가끔 진주의 엄마와 함께 만나요.

그날도 나는 진주와 진주 어머니를 만났어요. 이번에는 남편과 같이 갔어요. 나는 평소처럼 있었는데, 진주가 엄마에게 뭔가를 속삭이는 게 보였어요. 진주 어머니가 웃으면서 나에게 말해 주었어요.

"삼촌 같은 남자를 만나고 싶대요."

그때 생각이 났어요.
언젠가 한나를 보며 부러워서
하나님께 기도했던 날이요.

하나님은 내가
잊고 있었던 일까지 기억하세요

남편과 함께 친구를 만나러 갔어요. 친구가 나에게 깜짝 선물을 줬어요. 토끼 인형이었어요!

기분이 좋지 않았어요. 사실 나는 토끼를 별로 좋아하지 않아요. 의외인가요?

베니를 그린 건 토끼를 좋아해서가 아니에요. 토끼 인형도 잘 사지 않아요. 웬만한 내 친구들은 나의 그런 취향을 아주 잘 알아요.

정말 이상했어요. 왜 하필 토끼 인형이었을까요? 애써 표정관리를 하면서 가만히 인형 박스를 들여다봤어요.

그런데 박스에 '웨딩 인형'이라고 써 있는 거예요. 그러고 보니 토끼 인형이 두 갠데, 하나는 드레스를 입고 또 하나는 턱시도를 입고 있었어요.

'어?'

피터래빗이었어요! 내가 유일하게 좋아하는 토끼 그림이 피터래빗이거든요. 이제야 친구에게 고마웠어요.

2년 전에 선물을 준 친구와 일본 여행을 간 적이 있어요. 우연히 피터래빗 상점을 지나갔는데, 거기서 드레스와 턱시도를 입은 인형을 보고 내가 중얼거렸다는 거예요.

"아, 나도 결혼하고 싶다.
언젠가 결혼하면
저런 인형 신혼집에 두고 싶다."

그래서 친구는 내가 결혼을 하게 되면 꼭 그 인형을 선물해야겠다고 마음을 먹었대요. 그리고 나에게 남자친구가 생겼다는 연락을 받고 바로 일본에 수소문해서 그 인형을 어렵게 구했대요.

그 이야기를 듣고 엄청 울었어요. 사실 그 일이 기억나지 않았어요. 그만큼 까맣게 잊어버리고 있었어요. 아주 지쳐서 잊어버렸어요.

그런데 하나님은 그렇게 내 말을 다 기억하고 일하셨어요. 친구를 통해서 하나님은 그 사실을 기억나게 해 주셨어요. 하나님은 정말이지 내가 지쳐서 잊어버린 것까지 다 기억하고 계셨어요.

이 사람은 하나님이 보내 주신
내 배우자가 맞구나

청각장애인에게 가장 괴로운 건 '소외감'이에요. 어릴 때부터 소외감을 아주 달고 살았어요. 그 감정이 익숙할 때가 있고, 전혀 익숙하지 않을 때도 있어요.

소외감이 어떤 느낌이냐 하면요, 드라마를 볼륨 없이 보면 알 수 있을 거예요. 분명 '같이' 있는데, 같이 있는 것 같지 않고 나 혼자만 다른 세상에 있는 것 같거든요. 무슨 이야기를 하는지 알 수 없어요. 혼자 겉도는 느낌이 들어요. 그게 소외감이에요.

어릴 때부터 그런 소외감이라는 지긋지긋한 숙제를 지니고 있었어요. 그 숙제를 붙잡고 끙끙대다가 겨우 얻은 깨달음도 있어요.

'사람은 의지하고 기대해야 할 대상이 아니다. 그저 사랑해 줘야 할 대상이다.'

소외감을 느낄 때마다 그렇게 마음먹었어요. 그래야 마음이 편했거든요.

가장 가까운 가족조차 소외감을 몰라줄 때가 있어요. 본인이 아니고선 완벽히 이해할 수 없는 부분이거든요. 오직 하나님만이 아세요.

어느 날, 나도 연약한 사람인지라 소외감을 도저히 견딜 수 없을 만큼 괴로울 때가 찾아왔어요. 아무에게도 말할 수 없었어요. 그래서 하나님께 울면서 기도했어요.

"하나님, 제 배우자만큼은 제 소외감을 알아주는 사람이면 좋겠어요."

그리고 남자친구를 만났어요. 남자친구는 장애에 대해 편견은 없었지만 소외감에 대해서는 완전하게 이해하지 못했어요. 나는 그런 남자친구를 보면서 이해받기를 내려놓았어요.

'그래, 가족도 몰라주는데 남자친구라고 별 수 있겠어? 많은 걸 바라지 말자. 이미 참 잘해 주는 사람인데 이것도 바라면 욕심쟁이야.'

그래서 내려놓았어요. 그런데 하나님은 내 그 작은 마음도 놓치지 않으셨어요.

우연히 남자친구와 함께 다큐멘터리를 봤어요. 시각장애인 여자와 일반인 남자 부부가 나왔어요. 여자는 홀로

육아를 맡았고 남자는 열심히 일을 했어요.

　그러다가 여자가 시댁 식구들과 웃으면서 농담을 주고받는 장면이 나왔어요. 나는 그저 흐뭇하게 보고 있는데, 남자친구가 아주 깊이 생각에 잠겼다가 그러는 거예요.

　"청각장애인은 이 부분에서 정말 힘들 수 있겠다. 저 사람은 눈이 안 보이지만 귀가 들리니까 사람들과 편안하게 대화를 나눌 수 있는데, 청각장애인은 그럴 수 없잖아. 외로울 수 있겠다."

　그 후로 남자친구는 나와 같이 어디에 가면 나를 혼자두지 않았어요. 주변에서 무슨 이야기를 나누고 있는지 내게 열심히 알려 주었어요.

'역시 이 사람은
하나님이 보내 주신

내 배우자가 맞구나!'

내가 다 준비해 놨으니 걱정 마

결혼식은 조용하게 하기로 했어요. 원피스처럼 생긴 드레스 한 벌만 맞추기로 하고, 친구가 추천한 드레스숍에 찾아갔어요. 가면서 나는 남자친구에게 말했어요.

"있잖아! 우리가 그 숍의 사람들에게 단순한 손님이 아니었으면 좋겠다. 물론 그들은 모든 손님에게 잘해 주겠지만 우리를 정말, 예쁘게 봐 줘서 진심을 다해 정성껏 잘해 주고 싶은 그런 손님이 되었으면 좋겠다."

남자친구는 그저 내가 사랑스럽다는 듯이 미소를 지었어요. 그리고 하나님도 내가 한 말을 다 들으셨나 봐요.

직원의 안내를 따라 실장님을 만났어요. 실장님과 수다를 떨었어요. 그리고 드레스 디자인에 대해 이야기를 나

누고 헤어졌어요. 다음날 실장님으로부터 문자메시지가
왔어요.

"정말 아름다운 커플이에요. 두 분을 만나서 너무나 좋
았어요. 두 분 예식을 함께 만들 수 있어서 감사해요. 사
실 어젯밤에 기도했어요. 정말 아름다운 예식이 될 수 있
게, 경선 신부님이 아주 행복할 수 있게, 누구보다 아름답
고 예쁘게 식을 올릴 수 있도록 저희에게 지혜와 아이디
어를 달라고요."

　메시지를 읽고 또 읽었어요. 가슴이 벅차다 못해 터질
것 같았어요.

마치 하나님이 내게 '경선아, 그동안 고생했어. 가장 아름다운 신부가 될 수 있도록 내가 다 준비해 놨으니 걱정 마!' 하고 말씀해 주시는 것 같았어요. 어떻게 보면 사소할지 모르는 순간들이 내게는 모두 심장이 터질 것 같은 감격이었어요. 그래서 목이 터지도록 고백하고 싶었어요.

'하나님 감사해요!'

세상에서 제일
행복한 신부가 되었어요

드레스숍에서 만난 실장님 덕분에 정말 많은 선물을 받았어요. 실장님이 소개해 준 슈즈 회사 이사님도 정성껏 예쁜 구두를 만들어 주었고, 드레스숍의 원장님은 특별히 아끼는 베일까지 선물로 주었어요.

그리고 사진작가의 예쁜 사진, 사진을 찍어 주는 언니가 소개해 준 플로리스트의 특별한 꽃 선물도 잔뜩 받았어요!

셀 수 없을 만큼 많은 선물을 받았어요. 하나님이 함께 기뻐해 주시고 흐뭇해하시는 느낌이었어요.

나는 예쁜 드레스를 입고,
예쁜 구두를 신고,

베일까지 완벽하게 쓰고,

예쁜 꽃을 들고,

남편과 함께,

그리고 사랑하는 가족들과 함께

결혼식을 올렸어요.

세상에서 제일

행복한 신부가 되었어요!